사회통합프로그램(KIIP)

한국사회 이해

심화 탐구활동

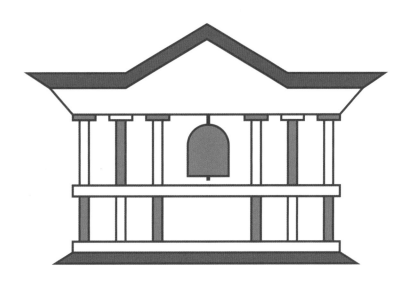

기획 법무부 출입국·외국인정책본부

박영story

발간사

우리나라는 6·25전쟁 이후 한동안 전쟁과 높은 실업률, 지정학적 리스크 등으로 인해 다른 나라로 이주를 가던 나라였으나, 1970년대부터 '한강의 기적'으로 불릴 만큼 단기간에 비약적인 경제성장을 이루게 되면서 어느덧 세계 10대 경제대국의 반열에 이르게 되었고, 이제는 많은 사람들이 이민을 오는 나라가 되어, 현재 국내 체류외국인이 250만 명을 넘어서고 있습니다.

더욱이 저출산·고령사회로 급속하게 진입하면서 지난해 우리나라의 합계출산율은 0.72명에 그쳐 역대 최저치를 기록하는 등 저출산과 고령화로 인한 인구문제, 생산동력 상실, 국가소멸의 위기 상황에 직면하게 되면서 이민정책의 획기적인 전환이 필요한 시점이 되었습니다.

그간 법무부는 이민정책을 총괄하는 부처로서 우리나라에 정착한 외국인이 우리 사회의 구성원으로서 적응·자립할 수 있도록 지원하고, 국민과 서로 상생하며 공존할 수 있도록 하는 것이 무엇보다 중요하다고 생각하여 '체계적인 이민통합 정책'을 추진해 왔습니다.

특히, 2009년부터 시작된 '사회통합프로그램'은 한국어, 한국문화, 한국사회 이해 교육을 통해 이민자가 갖추어야 할 필수적인 기본소양을 체계적으로 함양할 수 있도록 함으로써 사회통합 교육의 가장 핵심적인 역할을 수행해 왔습니다.

시행 첫해인 2009년에 1,331명이 '사회통합프로그램'에 참여하였으며, 코로나로 인해 잠시 주춤했던 시기를 제외하면 매년 증가하다가 엔데믹을 선언한 지난 해에는 58,028명이 참여하여 역대 최다 인원을 기록하기도 하였습니다. 이러한 추세에 비추어 볼 때 외국인 근로자, 유학생, 재외동포 등 참여대상이 확대되고 있는 점을 감안한다면 교육수요는 계속 증가할 것으로 예상됩니다.

이러한 시기에 새롭게 발간되는 사회통합프로그램 교재와 교사용 지도서는 더욱 중요한 의미가 있으며, 이민자들이 이러한 교재들을 널리 활용하여 한국사회에 대한 이해를 높이고, 더욱 더 우리나라에 잘 적응할 수 있는 마중물이 되었으면 하는 바람입니다.

끝으로 교재 발간에 도움을 주신 경인교육대학교 설규주 교수님을 비롯한 산학협력단 연구진과 출판에 도움을 주신 피와이메이트 노현 대표님 등 관계자 분들께 감사드리며, 앞으로도 법무부는 이민자의 안정적인 정착 지원과 사회통합을 위해 노력하겠습니다.

법무부 출입국·외국인정책본부장

이 재 유

일러두기

'사회통합프로그램[KIIP]을 위한 한국사회 이해 탐구활동'은 사회통합프로그램에 참여하는 학습자가 한국사회에 대한 이해 및 한국사회 구성원으로서 지녀야 할 기본 소양과 자질에 대해 배운 내용을 자기주도적으로 학습하고 영주용·귀화용 평가 준비에 도움을 주기 위한 목적으로 제작되었다.

탐구활동은 '사회통합프로그램[KIIP]을 위한 한국사회 이해(기본)' 50개 단원과 '사회통합프로그램[KIIP]을 위한 한국사회 이해(심화)' 20개 단원에 맞춰 형성평가, 구술형 평가, 작문형 평가 등 총 3가지 형태로 구성되어 있다.

형성평가에서는 각 단원에서 배운 내용을 객관식 문항을 통해 확인할 수 있도록 하였고, 구술형 평가에서는 학습자가 각 단원과 관련된 지문을 읽고 자신의 생각이나 경험을 이야기할 수 있는 질문을 제시하였다. 작문형 평가에서는 제시된 주제에 따라 자신의 경험을 바탕으로 직접 글을 작성해 볼 수 있도록 구성하였다.

구성과 특징

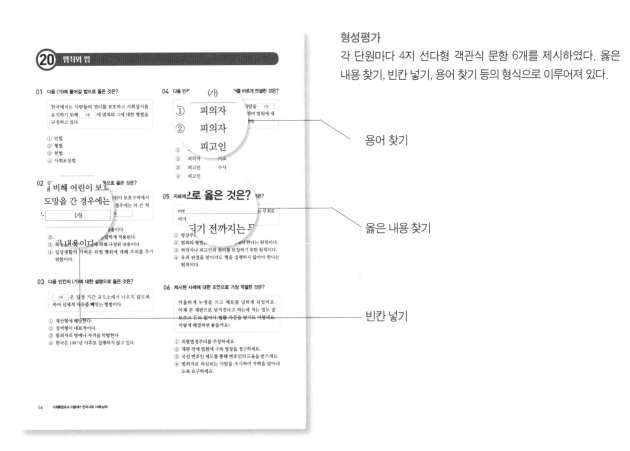

형성평가
각 단원마다 4지 선다형 객관식 문항 6개를 제시하였다. 옳은 내용 찾기, 빈칸 넣기, 용어 찾기 등의 형식으로 이루어져 있다.

용어 찾기

옳은 내용 찾기

빈칸 넣기

구술형 평가

각 단원과 연관되어 있는 지문을 읽고 학습자가 직접 말해 볼 수 있도록 구성하였다. 지문에 담긴 내용을 정리하거나 종합하여 답할 수 있는 질문, 자신의 생각을 정리하여 자유롭게 말해 볼 수 있는 질문, 자신의 고향 나라와 한국을 비교해 볼 수 있는 질문 등으로 이루어져 있다.

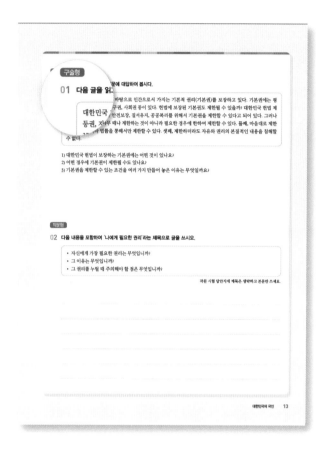

01 다음 글을 읽...

대한민국... 바탕으로 인간으로서 가지는 기본적 권리(기본권)를 보장하고 있다. 기본권에는 평등권, 자유권, 참정권, 청구권, 사회권 등이 있다. 헌법에 보장된 기본권도 제한될 수 있을까? 대한민국 헌법 제37조... 안전보장, 질서유지, 공공복리를 위해서 기본권을 제한할 수 있다고 되어 있다. 그러나 조건... 자... 때나 제한하는 것이 아니라 필요한 경우에 한하여 제한할 수 있다. 둘째, 마음대로 제한... 수 없... 법률을 통해서만 제한할 수 있다. 셋째, 제한하더라도 자유와 권리의 본질적인 내용을 침해할 수 없다.

1) 대한민국 헌법이 보장하는 기본권에는 어떤 것이 있나요?
2) 어떤 경우에 기본권이 제한될 수도 있나요?
3) 기본권을 제한할 수 있는 조건을 여러 가지 만들어 놓은 이유는 무엇일까요?

작문형

02 다음 내용을 포함하여 '나에게 필요한 권리'라는 제목으로 글을 쓰시오.

- 자신에게 가장 필요한 권리는 무엇입니까?
- 그 이유는 무엇입니까?
- 그 권리를 누릴 때 주의해야 할 점은 무엇입니까?

작문 시험 답안지에 제목은 생략하고 본문만 쓰세요.

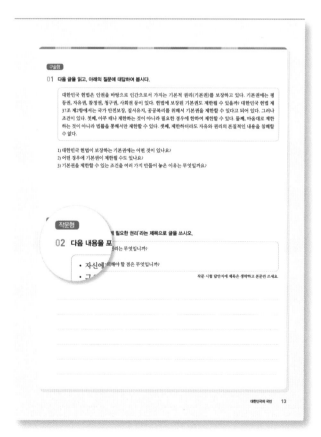

구술형

01 다음 글을 읽고, 아래의 질문에 대답하여 봅시다.

대한민국 헌법은 인권을 바탕으로 인간으로서 가지는 기본적 권리(기본권)를 보장하고 있다. 기본권에는 평등권, 자유권, 참정권, 청구권, 사회권 등이 있다. 헌법에 보장된 기본권도 제한될 수 있을까? 대한민국 헌법 제37조 제2항에서는 국가 안전보장, 질서유지, 공공복리를 위해서 기본권을 제한할 수 있다고 되어 있다. 그러나 조건이 있다. 첫째, 아무 때나 제한하는 것이 아니라 필요한 경우에 한하여 제한할 수 있다. 둘째, 마음대로 제한하는 것이 아니라 법률을 통해서만 제한할 수 있다. 셋째, 제한하더라도 자유와 권리의 본질적인 내용을 침해할 수 없다.

1) 대한민국 헌법이 보장하는 기본권에는 어떤 것이 있나요?
2) 어떤 경우에 기본권이 제한될 수도 있나요?
3) 기본권을 제한할 수 있는 조건을 여러 가지 만들어 놓은 이유는 무엇일까요?

작문형

02 다음 내용을 포...

...리... 필요한 권리'라는 제목으로 글을 쓰시오.

...리는 무엇입니까?
- 자신에... ...해야 할 점은 무엇입니까?
- 그...

작문 시험 답안지에 제목은 생략하고 본문만 쓰세요.

작문형 평가

각 단원에서 배운 내용과 자신의 의견이나 경험을 연결하여 직접 글을 작성해 보도록 하였다. 글을 쓸 때 포함할 내용을 질문 형태로 제시하여 그 질문에 답하는 과정에서 자연스럽게 글을 쓸 수 있도록 구성하였다.

차례

제 1 편

대한민국의 국민

01 대한민국 헌법에 대한 설명으로 옳은 것은?

① 1948년 헌법이 지금까지 유지되고 있다.
② 국민의 권리와 의무에 대한 내용을 담고 있다.
③ 법률에 어긋나는 헌법은 폐지되거나 개선된다.
④ 여러 가지 법 중에서 가장 낮은 단계에 해당한다.

02 헌법재판소에 대한 설명으로 옳은 것은?

① 헌법재판소는 사법부에 속한다.
② 13명의 재판관으로 구성되어 있다.
③ 법률이 헌법에 맞는지 심판하는 곳이다.
④ 고위 공무원을 임명하는 권한을 가지고 있다.

03 〈보기〉의 (가), (나)에 들어갈 말로 적절한 것은?

| 〈보기〉 |

대한민국 헌법 제1조
제1항 대한민국은 □(가)□ 공화국이다.
제2항 대한민국의 주권은 □(나)□ 에게 있고, 모든
권력은 □(나)□ 으로부터 나온다.

	(가)	(나)
①	민주	국민
②	정의	국민
③	정의	대통령
④	민주	대통령

04 〈보기〉에서 설명하는 법으로 적절한 것은?

| 〈보기〉 |

가장 기본이 되는 법으로 국민의 권리를 보장하고
국가의 통치조직과 통치작용의 기본 원리가 담긴 최
고 지위의 법

① 민법
② 헌법
③ 형법
④ 상법

05 〈보기〉에서 설명하는 기관으로 알맞은 것은?

| 〈보기〉 |

국회에서 만든 법률이 헌법에 어긋나지 않는지 심사
한다. 그리고 대통령이나 장관 등이 큰 잘못을 저질
러 국회에서 파면을 요구할 때, 그것을 심판하는 일
도 한다.

① 대법원
② 법무부
③ 고등법원
④ 헌법재판소

06 헌법에 포함된 내용으로 옳지 않은 것은?

① 국민주권의 원리
② 법치주의의 원리
③ 형벌의 종류와 내용
④ 평화통일과 지방자치

01 다음 글을 읽고, 아래의 질문에 대답하여 봅시다.

> 헌법은 대한민국의 여러 가지 법 중에서 가장 기본이고 가장 높은 지위의 법이다. 대한민국 헌법에는 국민의 기본적인 권리와 의무가 제시되어 있다. 또한, 국민주권, 법치주의 등과 같이 대한민국을 운영하는 데 필요한 원리가 담겨 있다. 대한민국의 다른 모든 법은 헌법이 정한 범위에서 벗어나면 안 된다. 즉, 헌법의 정신에 어긋나는 법은 만들 수 없고, 혹시 그러한 법이 있다면 폐지되거나 개정된다.

1) 헌법은 어떤 특징을 가지고 있는 법인가요?
2) 대한민국 헌법에는 어떤 내용이 담겨 있나요?
3) 일상생활에서 접하는 법 중에 헌법의 정신에 맞지 않다고 생각되는 법이 있나요? 그 이유는 무엇인가요?

02 다음 내용을 포함하여 '내가 헌법을 만든다면'이라는 제목으로 글을 쓰시오.

> • 헌법에는 어떤 내용이 제시되어 있습니까?
> • 내가 헌법을 만든다면 헌법 제1조에 꼭 담고 싶은 내용은 무엇입니까?
> • 그 이유는 무엇입니까?

작문 시험 답안지에 제목은 생략하고 본문만 쓰세요.

01 권리에 대한 설명으로 옳은 것은?

① 기본권을 바탕으로 인권이 정해진다.
② 기본적 권리는 헌법에 보장되어 있다.
③ 권리란 반드시 해야 하는 일을 가리킨다.
④ 국민 중 일부만이 기본권을 누릴 수 있다.

02 〈보기〉에서 설명하는 권리는?

| 〈보기〉 |

성별, 종교, 신분, 인종 등 어떤 이유로도 부당하게
차별받지 않을 권리이다.

① 자유권
② 참정권
③ 평등권
④ 청구권

03 〈보기〉에서 설명하는 권리는?

| 〈보기〉 |

국가에 대하여 일정한 요구를 할 수 있는 권리이다.

① 청구권
② 사회권
③ 평등권
④ 자유권

04 사회권에 대한 설명으로 옳은 것은?

① 공무원이 될 수 있는 권리가 여기에 해당한다.
② 국민이 정치에 참여할 수 있는 권리를 가리킨다.
③ 재판을 청구할 수 있는 권리가 여기에 해당한다.
④ 인간다운 생활에 필요한 최소한의 수준을 보장받을
수 있는 권리이다.

05 자유권의 사례로 가장 적절한 것은?

① 경찰에 함부로 체포당하지 않는다.
② 국회의원 선거에 참여하여 투표한다.
③ 모든 사람에게 기회를 균등하게 준다.
④ 생활이 어려운 사람을 국가가 돕는다.

06 〈보기〉의 빈칸에 들어갈 수 없는 것은?

| 〈보기〉 |

헌법 제37조 제2항에서 국민의 모든 자유와 권리는
국가 ☐☐☐☐, ☐☐☐☐ 또는 ☐☐☐☐을/를 위하여
필요한 경우에 한하여 법률로써 제한할 수 있으며,
제한하는 경우에도 자유와 권리의 본질적인 내용을
침해할 수 없다고 규정하고 있다.

① 안전보장
② 질서유지
③ 공공복리
④ 헌법개정

구술형

01 다음 글을 읽고, 아래의 질문에 대답하여 봅시다.

대한민국 헌법은 인권을 바탕으로 인간으로서 가지는 기본적 권리(기본권)를 보장하고 있다. 기본권에는 평등권, 자유권, 참정권, 청구권, 사회권 등이 있다. 헌법에 보장된 기본권도 제한될 수 있을까? 대한민국 헌법 제37조 제2항에서는 국가 안전보장, 질서유지, 공공복리를 위해서 기본권을 제한할 수 있다고 제시되어 있다. 그러나 조건이 있다. 첫째, 아무 때나 제한하는 것이 아니라 필요한 경우에 한하여 제한할 수 있다. 둘째, 마음대로 제한하는 것이 아니라 법률을 통해서만 제한할 수 있다. 셋째, 제한하더라도 자유와 권리의 본질적인 내용을 침해할 수 없다.

1) 대한민국 헌법이 보장하는 기본권에는 어떤 것이 있나요?
2) 어떤 경우에 기본권이 제한될 수도 있나요?
3) 기본권을 제한할 수 있는 조건을 여러 가지 만들어 놓은 이유는 무엇일까요?

작문형

02 다음 내용을 포함하여 '나에게 필요한 권리'라는 제목으로 글을 쓰시오.

- 자신에게 가장 필요한 권리는 무엇입니까?
- 그 이유는 무엇입니까?
- 그 권리를 누릴 때 주의해야 할 점은 무엇입니까?

작문 시험 답안지에 제목은 생략하고 본문만 쓰세요.

3 대한민국 국민의 의무

01 〈보기〉에서 설명하는 의무로 옳은 것은?

―――――|〈보기〉|―――――

국민은 국가가 안정적으로 유지되고 발전하는 데 필요한 돈을 확보할 수 있도록 세금을 성실하게 내야 한다.

① 국방의 의무
② 근로의 의무
③ 교육의 의무
④ 납세의 의무

02 〈보기〉의 (가), (나)에 들어갈 말로 적절한 것은?

―――――|〈보기〉|―――――

자신의 재산을 자유롭게 사용할 수 있는 권리가 있지만 재산에 대한 권리를 행사할 때는 (가) 에 적합하도록 해야 한다. 국가는 (가) 을/를 위해 법률로써 재산권 행사를 (나) 할 수 있다.

	(가)	(나)
①	공공복리	제한
②	권리보장	제한
③	공공복리	보호
④	권리보장	보호

03 국방의 의무에 대한 설명으로 옳지 <u>않은</u> 것은?

① 대한민국 남성만 국방의 의무를 가진다.
② 귀화한 남성은 현역으로 입대하지 않아도 된다.
③ 18세 이상의 대한민국 남성은 일정 기간 군인으로 복무해야 한다.
④ 국가의 독립 유지와 영토 보전을 위해 나라를 지켜야 하는 의무이다.

04 교육의 의무에 대한 설명으로 옳은 것은?

① 초등학교부터 고등학교까지 12년을 의무교육으로 규정하고 있다.
② 자녀를 학교에 보낼지 말지는 부모가 결정한다.
③ 부모는 자녀가 6세 이상이 되면 학교 교육을 받도록 해야 한다.
④ 특별한 이유 없이 자녀를 학교에 보내지 않으면 자녀가 처벌을 받는다.

05 〈보기〉에서 설명하는 의무로 옳은 것은?

―――――|〈보기〉|―――――

개인의 행복과 국가의 발전을 위해 자신이 맡은 일을 열심히 해야 하는 의무이다. 대한민국 국민이라면 누구나 자신의 능력 범위 내에서 정당한 근로를 통해 생활을 꾸려 나가야 한다.

① 국방의 의무
② 근로의 의무
③ 납세의 의무
④ 교육의 의무

06 대한민국 국민의 의무에 대한 설명으로 옳은 것은?

① 평등권, 자유권, 사회권은 의무에 속한다.
② 교육과 근로는 의무이면서 권리이기도 하다.
③ 국민은 자신이 원하는 의무를 선택할 수 있다.
④ 공공복리를 위해 법률로써 의무를 제한할 수 있다.

01 다음 글을 읽고, 아래의 질문에 대답하여 봅시다.

> 만약 자신이 해야 할 일은 하지 않고 권리만 누리려고 한다면 어떻게 될까? 국민이라면 누구나 국가에서 보장하는 기본적 권리를 누릴 수 있는 것처럼 국민으로서 당연히 해야 할 일, 즉 의무도 있다. 그 중 하나가 바로 나라를 지켜야 할 '국방의 의무'이다. 꼭 군인이 아니더라도 각자의 역할을 다하면서 나라를 지키는 일에 관심을 기울여야 한다. 다음은 '납세의 의무'를 들 수 있다. 국민이라면 누구나 세금을 내야 한다. 국민이 세금을 내지 않는다면 나라는 살림을 꾸려나갈 수 없게 된다.

1) 위 글에 소개된 의무 외에 대한민국 국민이 지켜야 할 의무에는 어떤 것이 있나요?
2) 국민이 의무를 지키지 않으면 어떤 일이 생길까요? 예를 들어 말해 보세요.
3) 자신의 고향 나라와 한국에서 지켜야 할 의무는 어떤 공통점과 차이점이 있나요?

02 다음 내용을 포함하여 '국민의 의무를 지켜야 하는 이유'라는 제목으로 글을 쓰시오.

> • 국민의 의무에는 무엇이 있습니까?
> • 왜 의무를 지켜야 합니까?
> • 권리와 의무는 어떤 관계가 있습니까?

작문 시험 답안지에 제목은 생략하고 본문만 쓰세요.

01 〈보기〉에서 설명하는 사회보험으로 옳은 것은?

| 〈보기〉 |
질병이나 부상으로 병원을 찾았을 때 의료비의 일부를 지원하고 국민의 보건을 향상시키기 위한 제도

① 건강보험
② 국민연금
③ 고용보험
④ 산업재해보상보험

02 사회보험에 대한 설명으로 옳은 것은?

① 사회보험은 크게 6가지로 구분할 수 있다.
② 생계 유지가 어려운 국민을 가입 대상으로 한다.
③ 사회보험에 필요한 비용은 국가가 모두 부담한다.
④ 법에 따라 국가가 강제성을 띠고 운영하는 것으로 의무 가입이 원칙이다.

03 한국의 복지제도에 대한 설명으로 옳은 것은?

① 공공부조는 사회보험의 사례이다.
② 사회보험 비용은 주로 지방자치단체가 지원한다.
③ 사회보험은 국민의 최저 생활을 보장하기 위한 제도이다.
④ 의료급여는 저소득층에 속하는 국민에게 제공하는 의료비 지원제도이다.

04 〈보기〉의 (가), (나)에 들어갈 말로 옳은 것은?

| 〈보기〉 |
국민기초생활보장제도는 (가) 를 유지할 능력이 없는 저소득층에게 국가가 (가) 와 교육·의료·주거 등의 기본적인 생활을 보장해 주는 제도를 말한다. 연령이나 근로 능력 여부와 상관없이 (나) 이 최저생계비 이하인 경우 보장 받을 수 있다.

	(가)	(나)
①	근로	세금
②	생계	소득
③	근로	소득
④	생계	세금

05 〈보기〉에서 설명하는 사회보험으로 옳은 것은?

| 〈보기〉 |
실직자에게 실업급여를 주고 직장을 구할 수 있도록 지원해 주는 제도

① 건강보험
② 국민연금
③ 고용보험
④ 산업재해보상보험

06 공공부조에 대한 설명으로 옳지 <u>않은</u> 것은?

① 국민의 최저생활을 보장하고 자립을 지원한다.
② 사회보험에 가입한 국민을 주요 대상으로 한다.
③ 국민기초생활보장제도와 의료급여제도가 속한다.
④ 국가가 보장하는 최저 생활이란 인간다운 삶의 최소 수준을 말한다.

01 다음 글을 읽고, 아래의 질문에 대답하여 봅시다.

> 대한민국은 국민의 인간다운 삶 보장과 생활수준 향상을 위해 사회보험과 공공부조라는 사회복지 제도를 운영하고 있다. 사회보험은 질병, 사망, 노령, 실업 등의 위험에 대비하여 국가가 보험을 통해 국민을 보호하기 위한 것이다. 사회보험은 법에 따라 국가가 강제성을 띠고 운영하는 것으로 의무 가입이 원칙이다. 공공부조는 사회복지 제도의 하나로, 국가나 지방자치단체가 생활능력이 없거나 생활이 어려운 국민의 최저 생활을 보장하고 자립을 지원하는 제도이다. 국가가 보장하는 최저 생활이란 인간다운 삶의 최소 수준을 말한다. 인간다운 생활을 누린다고 말하기 위해서는 최소한의 의식주를 해결할 수 있어야 하고 최소한의 교육이나 의료 혜택 등을 누릴 수 있어야 한다.

1) 사회보험에 해당하는 제도에는 어떤 것이 있나요? 한 가지를 소개해 보세요.
2) 공공부조에 해당하는 제도에는 어떤 것이 있나요? 한 가지를 소개해 보세요.
3) 자신의 고향 나라나 한국에 꼭 도입되었으면 좋겠다고 생각하는 사회복지 제도는 무엇인가요?

작문형

02 다음 내용을 포함하여 '한국의 복지제도'라는 제목으로 글을 쓰시오.

> • 한국의 복지제도에는 무엇이 있습니까?
> • 한국의 복지제도의 장점은 무엇입니까?
> • 자신의 고향 나라의 복지제도와 비교해 보십시오.

작문 시험 답안지에 제목은 생략하고 본문만 쓰세요.

_____

_____

_____

_____

_____

제 2 편

대한민국의 역사와 발전

01 한국이 광복을 맞이할 수 있었던 배경으로 옳은 것을 〈보기〉에서 고른 것은?

| 〈보기〉 |

ㄱ. 한반도에서 6 · 25 전쟁이 일어났다.
ㄴ. 일본이 스스로 한반도에서 물러갔다.
ㄷ. 제2차 세계 대전에서 일본이 패배하였다.
ㄹ. 한국인들이 끊임없이 독립운동을 전개하였다.

① ㄱ, ㄴ
② ㄱ, ㄷ
③ ㄴ, ㄹ
④ ㄷ, ㄹ

02 다음 내용에 해당하는 국제 회의로 옳은 것은?

◆ 참석자: 미국, 영국, 소련의 외무장관
◆ 결정 내용
 – 한반도에 민주적인 임시 정부 수립
 – 최대 5년간 신탁 통치 실시

① 남북 협상
② 국제 연합 총회
③ 미 · 소 공동 위원회
④ 모스크바 3국 외상 회의

03 (가)~(라)를 순서대로 옳게 나열한 것은?

(가) 남북 협상
(나) 8 · 15 광복
(다) 5 · 10 총선거 실시
(라) 대한민국 정부 수립

① (가) – (나) – (다) – (라)
② (가) – (나) – (라) – (다)
③ (나) – (가) – (다) – (라)
④ (나) – (다) – (가) – (라)

04 다음 인물에 대한 설명으로 옳은 것은?

• 독립운동가이자 대한민국 임시 정부의 지도자
• '3천만 동포에게 읍고함'이라는 글을 통해 남한에 단독 정부가 세워지는 것을 반대

① 남북 협상에 참여하였다.
② 대한민국 제헌 헌법을 만들었다.
③ 제1차 남북 정상 회담을 열었다.
④ 대한민국 최초의 대통령에 당선되었다.

05 1948년 5 · 10 총선거에 대한 설명으로 옳은 것은?

① 여성은 투표에 참여하지 못했다.
② 38도선 이남 지역에서 시행되었다.
③ 남한과 북한에서 동시에 실시되었다.
④ 대한민국 정부가 수립된 이후에 치러졌다.

06 제헌 국회에 대한 설명으로 옳지 <u>않은</u> 것은?

① 신탁 통치에 찬성하였다.
② 5 · 10 총선거를 통해 구성되었다.
③ 최초의 대한민국 헌법을 만들었다.
④ 나라 이름을 '대한민국'으로 정하였다.

01 다음 자료를 읽고, 아래의 질문에 대답하여 봅시다.

 1948년 5월 10일, 국민의 손으로 국회의원을 뽑는 총선거가 한국 역사상 최초로 실시되었다. 그 당시에는 글을 못 읽는 사람이 많아 선거 기호를 숫자가 아닌 막대기 개수로 표시하였다. 그래서 후보자들은 "작대기 하나, ○○○", "작대기 둘, □□□"라는 식으로 선거 유세를 하였다. 유엔의 감시하에 시행된 5 · 10 총선거는 21세 이상의 성인 남녀가 동등한 투표권을 행사한 보통 선거이자, 평등 선거였다.

1) 1948년에 실시된 국회의원 선거는 왜 5 · 10 총선거라고 불릴까요?
2) 5 · 10 총선거 결과 구성된 국회는 어떤 일을 했을까요?
3) 자신의 고향 나라에서 실시되었던 최초의 선거에 대해 말해보세요.

02 다음 내용을 포함하여 '광복 이후 김구의 활동'이라는 제목으로 글을 쓰시오.

- 광복 이후 김구가 염려한 것은 무엇이었을까요?
- 김구가 '3천만 동포에서 읍고함'이라는 글을 왜 발표했을까요?
- 김구는 평양에 가서 북한의 정치인들과 무엇을 의논했을까요?

작문 시험 답안지에 제목은 생략하고 본문만 쓰세요.

01 다음 빈칸의 (가)에 들어갈 내용으로 가장 적절한 것은?

> 1950년 6월 25일 새벽, [(가)]
> 이로써 3년 넘게 이어진 6·25 전쟁이 시작되었다.

① 중국군이 개입하였다.
② 국군이 북한을 공격하였다.
③ 유엔군이 전쟁에 참여하였다.
④ 북한군이 남한을 기습 침략하였다.

02 인천 상륙 작전이 끼친 영향으로 옳은 것은?

① 8·15 광복을 맞이하였다.
② 국군과 유엔군이 서울을 되찾았다.
③ 대한민국 정부가 부산으로 내려갔다.
④ 유엔이 한국에 유엔군을 보내기로 결정하였다.

03 6·25 전쟁에 대한 설명으로 옳은 것은?

① 유엔군은 북한군을 지원하였다.
② 휴전선을 경계로 남북한이 분단되었다.
③ 민간인의 피해는 거의 발생하지 않았다.
④ 국군과 중국군이 힘을 합쳐 북한군과 싸웠다.

04 다음 통일 원칙에 해당하는 내용으로 옳은 것은?

> 첫째, 통일은 다른 나라에 의존하거나 다른 나라의
> 간섭 없이 자주적으로 해결한다.
> 둘째, 통일은 상대방에게 무력을 쓰지 않고 평화적
> 으로 실현한다.
> 셋째, 사상과 이념, 제도의 차이를 넘어 하나의 민족
> 으로서 대단결을 위해 노력한다.

① 남북 기본 합의서
② 4·27 판문점 선언
③ 7·4 남북 공동 성명
④ 6·15 남북 공동 선언

05 다음 장소에 해당하는 곳은?

> • 1953년 정전 협정이 체결된 장소
> • 한반도 분단을 상징하는 장소
> • 남북 정상 회담이 열린 장소

① 인천
② 청와대
③ 금강산
④ 판문점

06 다음 빈칸의 (가)에 해당하는 내용으로 옳은 것은?

> 2000년에 대한민국의 김대중 대통령과 북한의 김정
> 일 위원장은 [(가)]을 통해 서로의 체제를 인정하
> 고, 경제 교류를 늘리며 이산가족 상봉 행사를 여는
> 등 남북 관계를 크게 개선하였다.

① 금강산 관광
② 평창 동계 올림픽
③ 7·4 남북 공동 성명
④ 6·15 남북 공동 선언

01 다음 자료를 읽고, 아래의 질문에 대답하여 봅시다.

(가)	(나)	(다)
▲ 제1차 남북 정상 회담을 하는 한국과 북한의 정상	▲ 제2차 남북 정상 회담을 하는 한국과 북한의 정상	▲ 2018년에 정상 회담을 하는 한국과 북한의 정상

1) (가), (나), (다) 사진 속의 인물은 누구일까요?
2) 한국과 북한의 정상(최고 지도자)은 왜 만났을까요?
3) 자신의 고향 나라에서 역사적으로 분열되었다가 통일된 사실이 있는지 소개해 보세요.

02 다음 내용을 포함하여 '한국과 북한의 통일을 위해 실천할 수 있는 일'이라는 제목으로 글을 쓰시오.

- 2018 평창 동계 올림픽 개막식에서 한국과 북한의 선수단은 왜 동시 입장을 했을까요?
- 2018 평창 동계 올림픽에서 한국과 북한이 단일팀을 만든 스포츠 종목은 무엇일까요?
- 한국과 북한이 통일을 이루기 위해서는 어떻게 해야 할까요? 그렇게 생각하는 이유는 무엇인가요?

작문 시험 답안지에 제목은 생략하고 본문만 쓰세요.

01 4·19 혁명에 대한 설명으로 옳은 것을 〈보기〉에서 고른 것은?

---| 〈보기〉 |---
ㄱ. 유신 체제를 비판하였다.
ㄴ. 부정 선거에 항의하며 시작되었다.
ㄷ. 군인들의 정치 참여를 비판하였다.
ㄹ. 이승만 대통령을 자리에서 물러나게 하였다.

① ㄱ, ㄴ
② ㄱ, ㄷ
③ ㄴ, ㄹ
④ ㄷ, ㄹ

02 다음 빈칸의 (가) 인물에 대한 설명으로 옳은 것은?

1961년 5월 16일, ___(가)___ 을/를 중심으로 한 일부 군인들이 무력으로 정권을 차지하였다. 이들은 경제 발전을 목표로 경제 개발 5개년 계획을 실시하였다. 이후 ___(가)___ 정부는 경부 고속 국도를 개통하고 포항 종합 제철소 등을 건설하였다.

① 대한민국 초대 대통령이었다.
② 대통령을 한 번 하고 물러났다.
③ 제1차 남북 정상 회담을 개최하였다.
④ 헌법을 바꾸어 가며 권력을 이어나갔다.

03 유신 헌법에 대한 설명으로 옳은 것은?

① 4·19 혁명으로 폐지되었다.
② 대통령의 권한을 더욱 강화하였다.
③ 5·16 군사 정변 당시에 만들어졌다.
④ 이승만 대통령의 정권 연장을 위한 것이다.

04 다음 (가)에 들어갈 내용으로 가장 적절한 것은?

1980년 전두환 등 일부 군인들은 모든 정치 활동을 금지하며 시위를 강력하게 진압하였다. 또한 비상 상황이라는 구실로 사회 질서가 어지러워진 지역을 군인들이 통치하겠다는 명령인 비상계엄을 발표하였다. 이에 광주 지역의 학생, 시민들이
___(가)___

① 4·19 혁명을 전개하였다.
② 5·18 민주화 운동을 일으켰다.
③ 대통령 직선제 개헌을 요구하였다.
④ 박정희 정부의 민주화 운동 탄압을 비판하였다.

05 5·18 광주 민주화 운동과 6월 민주 항쟁의 공통점으로 옳은 것은?

① 헌법 개정을 가져왔다.
② 부정 선거에 대해 저항하였다.
③ 한국 민주주의 발전의 걸림돌이었다.
④ 수많은 학생과 시민이 시위에 참여하였다.

06 다음 선언이 발표된 배경으로 옳은 것은?

첫째, 대통령 직선제로 개헌하고 1988년 2월 평화적으로 정부를 이양한다.
둘째, 대통령 선거법을 개정하여 자유로운 출마와 경쟁을 공개적으로 보장한다.
다섯째, 언론 관련 제도와 관행을 개선하고 언론의 자율성을 최대한 보장한다.

① 6월 민주 항쟁이 일어났다.
② 3·15 부정 선거가 실시되었다.
③ 남북한이 유엔에 동시 가입하였다.
④ 신탁 통치 반대 운동이 전개되었다.

01 다음 글을 읽고, 아래의 질문에 대답하여 봅시다.

> 4 · 19 혁명 당시 수송초등학교 학생들도 시위에 참여하였다. 이들 중 일부는 경찰이 쏜 총에 맞아 죽고 말았다. 같은 학교에 다니던 강명희 학생이 이들을 추모하며 다음과 같은 시를 지었다.
>
> 잊을 수 없는 4월 19일 / 학교에서 파하는 길에 / 총알은 날아오고 / 피는 길을 덮는데 / 외로이 남은 책가방 / 무겁기도 하더군요 / 나는 알아요 우리는 알아요 / 엄마 아빠 아무 말 안해도 / 오빠와 언니들이 / 왜 피를 흘렸는지

1) 수송초등학교 강명희 학생이 지은 시에는 어떤 내용이 들어있나요?
2) 4 · 19 혁명의 결과 한국에서 일어난 정치 변화는 무엇일까요?
3) 자신의 고향 나라에서 일어났던 민주화 운동이 있으면 말해보세요.

02 다음 내용을 포함하여 '한국의 선거 방식과 나의 고향 나라에 실시되는 선거 방식'이라는 제목으로 글을 쓰시오.

> • 4 · 19 혁명으로 한국의 정치 체제가 어떻게 바뀌었을까요?
> • 6월 민주 항쟁의 결과 한국에서 대통령을 선출하는 방식이 어떻게 변화되었을까요?
> • 자신의 고향 나라에서는 대통령이나 총리를 어떻게 선출하고 있나요?

작문 시험 답안지에 제목은 생략하고 본문만 쓰세요.

01 다음과 같이 포스터의 내용이 바뀌게 된 배경으로 가장 적절한 것은?

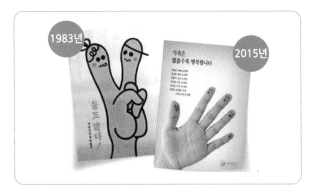

① 한국의 출산율이 감소하였다.
② 한국의 민주주의가 발전하였다.
③ 한국이 다문화 사회로 진입하였다.
④ 한국인의 외국 이민이 증가하였다.

02 다음 그래프를 활용한 수업 주제로 가장 적절한 것은?

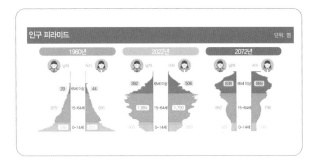

① 한국의 민주주의
② 한국의 경제 성장
③ 한국의 고령화 현상
④ 한국의 다문화적 변화

03 최근 한국 사회의 변화에 대한 설명으로 옳은 것은?

① 노년층의 인구가 증가하고 있다.
② 합계출산율이 크게 높아지고 있다.
③ 결혼하는 연령대가 낮아지고 있다.
④ 자녀의 교육비 지출이 감소하고 있다.

04 다음 빈칸의 (가)에 들어갈 내용으로 옳은 것은?

교통수단과 정보 통신 기술이 발달하면서 나타난 세계화 현상은 서로 다른 문화권에 속한 사람들 간의 이동과 연결을 빠르게 하였다. 이러한 배경 속에서 대한민국도 외국인 근로자, 결혼 이민자, 재외 동포 등이 증가하면서 빠르게 ⎣ (가) ⎦로 접어들고 있다.

① 저출산 사회
② 고령화 사회
③ 다문화 사회
④ 농업 중심 사회

05 한국의 다문화적 변화에 대한 설명으로 옳은 것을 〈보기〉에서 고른 것은?

| 〈보기〉 |

ㄱ. 초기에는 외국인 근로자 유입이 대부분을 차지하였다.
ㄴ. 2023년 기준으로 한국에 있는 외국인 중 미국 국적이 가장 많다.
ㄷ. 다양한 목적으로 한국에 입국하는 외국인이 증가하고 있다.
ㄹ. 한국에 사는 외국인을 위한 '세계인의 날'은 2년마다 개최되고 있다.

① ㄱ, ㄴ
② ㄱ, ㄷ
③ ㄴ, ㄹ
④ ㄷ, ㄹ

06 〈보기〉에 제시된 내용의 공통점으로 가장 적절한 것은?

| 〈보기〉 |

• 서로 다른 문화를 이해하고 존중
• 다양한 문화적 배경을 가진 사람과의 교류
• 인권 보호를 위한 법과 제도 마련

① 고령화 사회의 특징
② 다문화 사회의 문제점
③ 다문화 사회를 대하는 자세
④ 저출산 문제 해결을 위한 노력

01 다음 자료를 보고, 아래의 질문에 대답하여 봅시다.

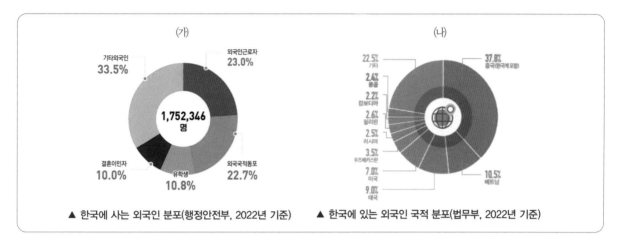

(가)
기타외국인 33.5%
외국인근로자 23.0%
1,752,346 명
결혼이민자 10.0%
유학생 10.8%
외국국적동포 22.7%

▲ 한국에 사는 외국인 분포(행정안전부, 2022년 기준)

(나)
22.5% 기타
2.4% 몽골
2.2% 캄보디아
2.6% 필리핀
2.5% 러시아
3.5% 우즈베키스탄
7.0% 미국
9.0% 태국
37.8% 중국(한국계 포함)
10.5% 베트남

▲ 한국에 있는 외국인 국적 분포(법무부, 2022년 기준)

1) (가) 그래프에서 한국에서 사는 외국인들 중에서 어떤 유형의 외국인이 가장 많은가요? 그 이유는 무엇일까요?
2) (나) 그래프에서 한국에 있는 외국인의 국적 중 어떤 나라의 비중이 가장 많은가요? 그 이유는 무엇일까요?
3) (가), (나) 그래프가 보여주는 상황이 한국 사회에 끼치는 영향에 대해 말해 보세요.

02 다음 내용을 포함하여 '한국의 다문화 사회에서 내가 느낀 점'이라는 제목으로 글을 쓰시오.

• 한국에서 매년 5월 20일에 열리는 '세계인의 날'은 어떤 날일까요?
• 한국에서 열리는 '세계인의 날' 행사에 참여한 경험이 있나요?
• 한국의 다문화 사회가 갖는 좋은 점과 개선되어야 할 점에는 무엇이 있을까요? 그렇게 생각하는 이유는 무엇인가요?

작문 시험 답안지에 제목은 생략하고 본문만 쓰세요.

제 3 편

대한민국의 정치와 외교

9 정치 과정과 시민 참여

01 다음 빈칸에 들어갈 말은?

> 민주 국가의 국민은 선거는 물론 집회, 서명 등 다양한 방법으로 정책 결정이나 사회적 쟁점 해결 과정에 영향을 미치는데, 이러한 모든 행동을 가리켜 ☐☐☐☐ (이)라고 한다.

① 국민 투표
② 정치 참여
③ 국민 주권
④ 국민 청원

02 바람직한 정치 참여 태도를 가진 사람은?

① 로빈: 국민 스스로가 주인의식을 가진다.
② 수잔: 정치는 어려우므로 무관심해도 된다.
③ 자히드: 자신의 권리와 이익만을 위해 참여한다.
④ 줄리안: 정치에 대한 관심은 선거 기간에만 가진다.

03 선거와 투표에 대한 설명으로 옳지 않은 것은?

① 가장 기본적인 정치 참여 방법이다.
② 투표에 참여하지 않아도 처벌받지 않는다.
③ 헌법을 개정할 때는 국회의원만 투표한다.
④ 대표자를 뽑거나 중요한 정책을 결정할 때 필요하다.

04 시민단체와 이익집단에 대한 설명으로 옳은 것은?

① 시민단체로는 노동조합, 의사협회 등이 있다.
② 이익집단으로는 환경단체, 소비자단체 등이 있다.
③ 시민단체와 이익집단은 정치 과정에 영향을 미친다.
④ 시민단체는 사익을, 이익집단은 공익실현을 목적으로 활동한다.

05 한국에서 헌법을 개정할 때 국민의 동의를 얻기 위해 반드시 거쳐야 하는 것은?

① 선거
② 집회
③ 캠페인
④ 국민 투표

06 정치에 참여하는 방법에 대한 설명으로 옳은 것은?

① 언론을 통해 대표자를 선출한다.
② 집회나 시위에 참가하는 것은 불법이다.
③ 외국인을 위한 이익집단은 만들 수 없다.
④ 정당이나 시민단체에 가입하여 활동할 수 있다.

01 다음 글을 읽고, 아래의 질문에 대답하여 봅시다.

> 정치에 참여하는 방법에는 첫째, 선거와 투표가 있다. 이는 민주주의 사회에서 시민이 정치에 참여할 수 있는 가장 기본적이고 공식적인 방법이다. 둘째, 정당, 이익 집단, 시민단체 등 조직을 만들거나 조직을 활용하여 정치에 참여할 수 있다. 셋째, 개인적으로 정부 정책에 대한 지지나 비판 의견을 언론을 통해 표현할 수도 있다. 그리고 집회, 시위 등에 참가하여 자신의 의사를 나타내는 방법도 있다. 정치 참여가 민주주의의 발전으로 이어지기 위해서는 참여하는 사람 스스로 주인 의식과 자발적인 태도를 가져야 한다. 그리고 정치 과정에 관심을 갖고 자신의 의견을 올바른 방법으로 반영시키기 위해 노력해야 한다. 다른 사람의 입장과 의견도 존중하고 공동의 이익을 생각하는 시각도 필요하다.

1) 민주주의 사회의 가장 기본적인 정치 참여 방법은 무엇인가요?
2) 자신이 경험해 본 정치 참여 방법은 무엇인가요? 언제 어떻게 그 경험을 했나요?
3) 자신의 고향 나라와 한국의 정치 참여 방법 중 공통점과 차이점은 무엇인가요?

02 다음 내용을 포함하여 '정치 참여'라는 제목으로 글을 쓰시오.

> • 정치에 참여하는 방법에는 어떤 것이 있나요?
> • 많은 사람들이 정치에 참여하지 않으면 어떤 일이 생길까요?
> • 바람직한 정치 참여 태도는 어떤 것일까요?

작문 시험 답안지에 제목은 생략하고 본문만 쓰세요.

01 다음 빈칸에 (가), (나)에 들어갈 용어로 적절한 것은?

> 인구가 많고 복잡한 현대 사회에서 모든 국민이 한자리에 모여 결정을 내리기는 어렵다. 그래서 대부분의 민주 국가에서는 대표자를 뽑아서 나라의 일을 맡기는 (가) 민주주의를 채택하고 있다. 이를 실현하는 대표적인 방법이 (나) 이다.

	(가)	(나)
①	직접	선거
②	대의	선거
③	직접	추첨
④	대의	추첨

02 다음 내용과 관련된 기관은?

> 선거와 국민투표를 관리하는 중립적인 국가 기관으로 특정 정당이나 개인의 편에 서지 않은 채 선거운동, 투표, 개표 등을 관리한다.

① 대법원
② 이익집단
③ 헌법재판소
④ 선거관리위원회

03 선거 공영제에 대한 설명으로 옳은 것은?

① 중립적인 시민 단체가 선거를 관리하는 제도
② 대표자를 뽑아 그에게 나라의 일을 맡기는 제도
③ 2개 이상의 정당이 정치 활동을 하도록 하는 제도
④ 선거 비용의 일부를 국가나 지방 자치 단체가 지원하는 제도

04 다음 내용과 관련된 것은?

> • 정치에 대한 비슷한 생각과 입장을 가진 사람들이 함께 모여 만든 단체이다.
> • 선거를 통해 정권을 얻는 것을 목적으로 한다.

① 정당
② 시민단체
③ 이익집단
④ 국회의원

05 한국의 정당에 대한 설명으로 옳은 것은?

① 한국 정치에는 2개의 정당만이 존재한다.
② 헌법을 통해 복수 정당제를 보장하고 있다.
③ 야당 국회의원 수가 많은 경우를 여대야소라고 한다.
④ 가장 많은 수의 국회의원을 가진 정당을 여당이라고 한다.

06 다음 빈칸에 공통으로 들어갈 용어로 적절한 것은?

> 한국에서는 정권을 잡고 있는 정당을 [   ](이)라고 부른다. 한국은 대통령제 국가이므로 대통령이 소속되어 있는 정당이 곧 [   ]이다.

① 야당
② 여당
③ 여소야대
④ 여대야소

구술형

01 다음 글을 읽고, 아래의 질문에 대답하여 봅시다.

> 정당은 대체로 비슷한 정치적 입장을 가진 사람들이 모여서 정책을 만들고 선거를 통해 정권을 획득하는 것을
> 목적으로 하는 집단이다. 정당은 선거에서 이기기 위해 각종 정책을 개발하고 다른 정당과 경쟁한다. 시민들은
> 자신이 지향하는 신념과 가치를 가장 잘 구현해 줄 수 있다고 생각하는 정당을 선거에서 지지함으로써 정치적
> 의사를 표현한다. 한국은 헌법을 통해 복수 정당제를 보장하고 있다. 복수 정당제는 두 개 이상의 정당이 정치
> 활동을 할 수 있도록 하는 것이다.

1) 정당은 무엇을 목적으로 하는 집단인가요?
2) 한국에서 복수 정당제를 헌법으로 보장하는 이유는 무엇일까요?
3) 자신이 알고 있는 한국의 정당 이름을 2개 말해 보세요.

작문형

02 다음 내용을 포함하여 '공정한 선거'라는 제목으로 글을 쓰시오.

> • 선거의 필요성은 무엇입니까?
> • 공정한 선거를 위한 기관이나 제도에는 무엇이 있습니까?
> • 선거가 공정하지 못할 경우 어떤 문제가 발생할 수 있습니까?

작문 시험 답안지에 제목은 생략하고 본문만 쓰세요.

01 다음의 내용의 공통점은?

- 1988년 서울 올림픽
- 2002년 월드컵 축구 대회
- 2011년 세계육상선수권 대회
- 2018년 평창 올림픽
- 2019년 세계수영선수권 대회

① 한국에서 개최되었다.
② 한국이 1위를 차지하였다.
③ 한국 국군의 후원을 받았다.
④ 한국 기업의 외교 활동 사례이다.

02 다음 빈칸에 들어갈 말을 바르게 연결한 것은?

한국 국군은 해외의 분쟁 지역에서 [   ] 활동을 수행하고 있다. 6 · 25 전쟁 당시 유엔군의 도움을 받았던 것처럼 지금은 해외에서 국가 재건, 의료 지원 등의 활동을 펼치며 도움을 주고 있다. 소말리아, 동티모르, 아이티, 남수단 등이 그 예이다.

① 기업 투자　　② 국제 무역
③ 스포츠 교류　　④ 평화 유지군

03 다음 내용 중 (가), (나)에 들어갈 알맞은 용어는?

[(가)]는 한 국가가 자기 나라의 이익을 달성하기 위해 국제 사회에서 펼치는 평화적인 대외 활동을 말한다. 국가의 최고 지도자끼리 만나 교류하는 것을 [(나)](이)라고 한다.

	(가)	(나)
①	외교	정상 외교
②	정치	정상 외교
③	외교	해외 진출
④	정치	해외 진출

04 아시아인 최초로 유엔 사무총장을 맡은 한국인은?

① 김용
② 김대중
③ 이종욱
④ 반기문

05 다음 한국과 주변국의 관계에 대한 설명으로 옳지 <u>않은</u> 것은?

① 미국은 6 · 25 전쟁 때 한국을 지원했다.
② 한국은 중국에 불교와 유교를 전해 주었다.
③ 일본과는 '위안부' 문제 해결이라는 과제가 남아 있다.
④ 러시아와 외교 관계를 맺은 이후 교류가 증가하고 있다.

06 다음 설명에 해당하는 곳은?

- 2019년 11월 부산에서 특별 정상 회의를 진행하였다.
- 한류의 인기가 특히 높은 곳이다.

① 중국
② 러시아
③ 유럽연합(EU)
④ 아세안(ASEAN)

구술형

01 다음 글을 읽고, 아래의 질문에 대답하여 봅시다.

> 외교란 한 국가가 자기 나라의 이익을 달성하기 위해 국제 사회에서 펼치는 평화적인 대외 활동을 말한다. 한국에서는 공식적으로 외교 활동을 담당하는 공무원을 외교관이라고 한다. 외교관은 국가 간 협상이나 교류를 담당하고, 해외 교포나 해외여행객 보호 등의 업무도 담당한다.
> 국가의 최고 지도자끼리 만나 교류하는 것을 정상외교라고 한다. 국가 최고 지도자 간 외교를 통해 경제 교류, 안보, 평화 정착 등과 같이 중요한 문제에 대한 합의를 이끌어 내기도 한다.

1) 외교란 무엇인가요?
2) 외교관이 하는 일은 무엇인가요?
3) 자신의 고향 나라의 최고 지도자 또는 한국의 최고 지도자가 정상외교를 통해 만난 사람은 누가 있을까요?

작문형

02 다음 내용을 포함하여 '자신의 고향 나라와 한국의 관계'라는 제목으로 글을 쓰시오.

> • 자신의 고향 나라와 한국은 어떤 교류를 하고 있나요?
> • 자신의 고향 나라와 한국은 과거에 어떤 관계였나요?
> • 자신의 고향 나라와 한국이 함께 발전하려면 어떻게 하면 좋을까요?

작문 시험 답안지에 제목은 생략하고 본문만 쓰세요.

12 남북통일을 위한 노력

01 남북 분단으로 인한 문제점이 <u>아닌</u> 것은?

① 이산가족의 감소
② 막대한 국방 비용
③ 남북 갈등에 대한 불안
④ 남북한 생활 방식의 차이 심화

02 남북 분단에 대한 설명으로 옳은 것은?

① 분단이 계속되면서 국방비는 감소했다.
② 6·25 전쟁 이전에는 남북한이 하나였다.
③ 남북한의 동질성을 높이는 원인이 되었다.
④ 분단으로 인해 남북한 모두 많은 비용이 든다.

03 다음 내용이 가리키는 현상으로 가장 적절한 것은?

> 남한과 북한은 같은 한국어를 사용하지만, 오랜 시간 분단으로 인해 일상생활에서 쓰이는 언어가 많이 달라졌다. 예를 들어, 남한에서는 '라면'이라고 부르는 것을 북한에서는 '꼬부랑국수'라고 한다.

① 남북의 언어 이질화
② 겨레말 큰사전 제작
③ 이산가족 상봉 추진
④ 남북한 외교 경쟁 증가

04 〈보기〉의 (가), (나)에 들어갈 용어로 적절한 것은?

> ─────| 〈보기〉 |─────
> 남한과 북한 분단 상태를 유지하는 데 쓰는 돈을 [(가)]이라고 한다. 여기에는 국방비, 외교 비용 등이 포함된다. 반면 [(나)]은 통일을 하는 과정에서 남북의 차이를 줄이고 교류하며 통합해 가는데 드는 비용을 말한다.

	(가)	(나)
①	통일 비용	개발 비용
②	통일 비용	분단 비용
③	분단 비용	개발 비용
④	분단 비용	통일 비용

05 남북 통일의 효과에 대해 <u>잘못</u> 말한 사람은?

① 수잔: 군사 대국이 될 수 있다.
② 줄리안: 세계 평화에 기여할 수 있다.
③ 파비앙: 이산가족의 고통을 줄일 수 있다.
④ 자히드: 국토를 효율적으로 이용할 수 있다.

06 다음 내용과 가장 관계 깊은 남북 통일 노력은?

> 남북정상회담이나 남북한 장관들의 만남은 아니더라도 운동선수, 학자, 학생, 기업인, 이산가족 등과 같은 민간 분야에서의 만남도 지속적으로 이어가야 한다.

① 이산가족 상봉 확대
② 북한이탈주민 지원
③ 주변 국가와의 협력 강화
④ 다양한 방식의 교류 확대

01 다음 글을 읽고, 아래의 질문에 대답하여 봅시다.

> 남북한이 분단 상태를 유지하는 데 쓰는 돈을 분단 비용이라고 한다. 여기에는 국방비처럼 직접 들어가는 돈은 물론 외교적 경쟁 비용, 남북 갈등에 대한 불안, 이산가족의 아픔 등도 포함된다. 반면, 통일 비용은 통일을 위해 남북의 차이를 줄이고 교류하며 통합해 가는 데 사용되는 돈을 말한다. 통일을 하는 데도 많은 비용이 들지만, 길게 보면 분단 비용이 통일 비용보다 더 크다고 할 수 있다. 통일이 되면 국방비나 외교 비용을 줄여 경제 개발, 교육, 복지 등에 사용할 수 있기 때문에 한국이 더욱 발전할 수 있을 것으로 기대된다.

1) 분단 비용에는 어떤 것이 포함되나요?
2) 통일 비용의 의미는 무엇인가요?
3) 분단 비용과 통일 비용 중 어느 것이 더 클 것이라고 생각하나요? 그 이유는 무엇인가요?

작문형

02 다음 내용을 포함하여 '남북 평화 통일'이라는 제목으로 글을 쓰시오.

> • 한국의 남북 현실은 어떠한가요?
> • 남북 통일은 해야 하나요? 아니면 하지 않아도 될까요?
> • 그렇게 생각한 이유는 무엇인가요?

작문 시험 답안지에 제목은 생략하고 본문만 쓰세요.

제 4 편

대한민국의 경제

01 한국의 경제 체제인 시장경제체제에 대한 설명으로 옳은 것은?

① 기본적으로 사유 재산권을 존중한다.
② 개인의 창의성이 발휘되기 어려운 편이다.
③ 대부분의 경제적 선택이 국가의 목표에 따라 이뤄진다.
④ 주로 정부의 계획이나 통제 아래 경제 문제를 해결한다.

02 다음 한국 헌법의 내용에 대한 설명으로 옳은 것은?

> 헌법 제15조: 모든 국민은 직업 선택의 자유를 가진다.
> 헌법 제19조 1항: 대한민국의 경제 질서는 개인과 기업의 경제상의 자유와 창의를 존중함을 기본으로 한다.
> 헌법 제23조: 모든 국민의 재산권은 보장된다.

① 계획경제체제임을 보여준다.
② 사유 재산권이 제한됨을 보여준다.
③ 자신이 원하는 직업을 가질 수 있음을 보여준다.
④ 국가의 목표가 개인의 자유보다 중요하게 여겨진다는 것을 보여준다.

03 (가)에 들어갈 용어로 옳은 것은?

> 인간의 욕구는 끝이 없는 반면 이를 채워줄 돈이나 시간과 같은 자원은 한정되어 있다. 그래서 경제활동에 참여하는 사람들은 늘 ___(가)___ 에 직면한다. ___(가)___ 을/를 해결하는 방식은 나라마다 다른데 크게 개인의 자유를 존중하는 방식과 국가의 계획을 중시하는 방식이 있다.

① 경제 문제
② 경제 체제
③ 경제 위기
④ 경제 성장

04 다음 (가)에 들어갈 경제 주체로 옳은 것은?

> 시장경제체제에서 사람들은 자신의 이익을 위해 노력하고 경쟁한다. 하지만 자유로운 경쟁 과정에서 부작용이 발생하는 경우도 있다. 이러한 시장경제체제의 부작용을 해결하기 위해서는 ___(가)___ 의 개입이 불가피하다. 이는 더 많은 사람들의 자유로운 선택과 공정한 경쟁을 보장하기 위한 노력이라고 할 수 있다.

① 개인 ② 가정
③ 기업 ④ 정부

05 다음 정책들의 공통점으로 가장 적절한 것은?

> • 독과점 기업에 대한 규제
> • 환경오염을 일으키는 기업에 대한 규제
> • 저소득층을 위한 복지 제도 마련

① 계획경제체제를 지향한다.
② 시장의 경쟁을 우선시한다.
③ 개인의 사유 재산권을 중시한다.
④ 정부의 개입을 통해 시장경제체제를 보완한다.

06 다음 헌법 조항에 따른 한국 정부의 노력으로 가장 적절한 것은?

> 국가는 균형 있는 국민경제의 성장 및 안정과 적정한 소득의 분배를 유지하고, 시장의 지배와 경제력의 남용을 방지하며, 경제 주체 간의 조화를 통한 경제의 민주화를 위하여 경제에 관한 규제와 조정을 할 수 있다.

① 기획재정부의 국회 예산안 평가
② 산업통상자원부의 기업 수출 지원
③ 공정거래위원회의 독과점 기업 규제
④ 과학기술정보통신부의 기술 관련 투자

01 다음 글을 읽고, 아래의 질문에 대답하여 봅시다.

> 경제 체제란 어떤 사회에서 경제 문제를 해결해가는 방식을 뜻한다. 현대에는 대표적으로 시장경제체제와 계획경제체제가 있다. 시장경제체제는 개인의 자유로운 선택을 중시하여 사유재산권을 인정하는 특징이 있다. 계획경제체제는 국가나 정부의 계획에 따라 결정하며 사회적 목적을 중시하기 때문에 사유재산권이 충분히 보장되기 어려운 경우가 많다. 한국은 기본적으로 시장경제체제를 채택하여 개인의 경제활동의 자유를 최대한 보장하고 있다.

1) 경제 문제를 해결하기 위한 대표적인 경제 체제 두 가지는 무엇인가요?
2) 한국이 채택하고 있는 경제 체제는 어떤 특징을 가지고 있나요?
3) 한국에서 경제활동의 자유를 보장하는 사례를 한 가지 제시해 보세요.

02 다음 내용을 포함하여 '시장경제체제를 보완하는 한국 정부'라는 제목으로 글을 쓰시오.

> - 시장경제체제에서는 어떤 문제가 발생할 수 있나요?
> - 한국 정부가 경제활동에 개입하는 이유는 무엇인가요?
> - 시장경제체제를 보완하기 위한 한국의 제도에는 어떤 것이 있나요?

작문 시험 답안지에 제목은 생략하고 본문만 쓰세요.

01 다음에 제시된 소득 곡선과 소비 곡선에 대한 설명으로 옳은 것은?

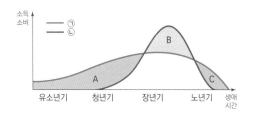

① ㉠은 소득 곡선, ㉡은 소비 곡선이다.
② 노년기에는 소비가 일어나지 않는다.
③ 유소년기에는 소득이 소비보다 많다.
④ 안정적 노후생활을 위해 장년기에 돈을 모을 필요가 있다.

02 다음 (가), (나)에 들어갈 용어를 바르게 짝지은 것은?

여유 자금을 가진 사람들은 ⌐(가)⌐ 을/를 통해 은행에 돈을 맡기고 이자를 받을 수 있다. ⌐(나)⌐ 은/는 은행에서 돈을 빌리는 것을 말한다.

	(가)	(나)
①	예금	대출
②	예금	보험
③	펀드	대출
④	펀드	보험

03 보험에 대한 설명으로 옳은 것은?

① 원금과 이자가 보장된다.
② 중간에 해지하면 손해를 볼 수 있다.
③ 평소 은행 거래 실적에 따라 금리가 달라진다.
④ 특정 회사의 주주가 되어 배당금을 받는 방식이다.

04 다음 (가)에 대한 설명으로 옳은 것은?

⌐(가)⌐ 은/는 정부나 기업 등이 돈이 필요할 때 다수의 사람을 대상으로 발행하는 증서이다. 회사에서 발행하는 회사채와 국가에서 발행하는 국채가 있다.

① 회사의 주주가 되어 배당금을 받는다.
② 은행에 매달 일정 금액을 적립하는 방식이다.
③ 구입하면 일정 기간이 지난 후 원금과 약속된 이자를 받는다.
④ 일반적으로 수익률이 높지만 가장 위험한 자산관리 방법이다.

05 부동산 투자에 대한 옳은 설명을 〈보기〉에서 고른 것은?

| 〈보기〉 |
ㄱ. 부동산을 빌려주고 임대료 수익을 얻을 수 있다.
ㄴ. 주가가 올라가면 부동산에 대한 배당금을 받을 수 있다.
ㄷ. 부동산을 산 가격보다 비싼 가격에 팔아 이익을 얻을 수 있다.
ㄹ. 부동산 구입 후 일정 기간이 지나면 약속된 이자를 받을 수 있다.

① ㄱ, ㄷ ② ㄴ, ㄷ
③ ㄴ, ㄹ ④ ㄷ, ㄹ

06 다음 사례에 대한 조언으로 가장 적절한 것은?

저는 많지 않은 돈이지만 투자를 하려고 합니다. 요즘 은행 이자가 낮아서 은행 외에 다른 쪽을 알아보고 싶어요. 그런데 제가 경제에 관한 지식도 별로 없고 금융 상품을 꼼꼼하게 살필 여유도 부족해요. 저에게 알맞은 투자 방식이 있을까요?

① 주식에 투자하세요.
② 상가나 아파트를 구입하세요.
③ 안정성이 높은 예금 상품이 좋겠습니다.
④ 펀드와 같은 간접투자상품을 선택하세요.

01 다음 글을 읽고, 아래의 질문에 대답하여 봅시다.

> 사람들의 일생을 보면 일반적으로 소득과 소비의 변화에는 차이가 있다. 취업을 많이 하는 20~30대부터는 소득이 점차 증가하지만 50~60대부터는 은퇴와 함께 대체로 소득이 줄어들거나 사라진다. 그런데 이와 달리 소비는 태어난 직후부터 죽을 때까지 평생 동안 계속된다. 따라서 한창 소득이 증가하는 시기에는 자신의 재산을 잘 관리하여 소득이 줄어드는 노후 생활에 대비할 필요가 있다.

1) 사람의 일생에서 소득과 소비는 각각 어떻게 변화하나요?
2) 소득이 있을 때 그것을 잘 관리해야 하는 이유는 무엇인가요?
3) 자신에게 필요하고 알맞은 노후 대비 방법은 무엇이라고 생각하나요?

작문형

02 다음 내용을 포함하여 '주식 투자의 장단점'이라는 제목으로 글을 쓰시오.

> • 주식 투자란 무엇입니까?
> • 투자에서 위험성과 수익성은 어떤 관계가 있습니까?
> • 예금과 비교할 때 주식의 장점과 단점은 무엇입니까?

작문 시험 답안지에 제목은 생략하고 본문만 쓰세요.

01 다음 (가)에 들어갈 경제 주체로 옳은 것은?

> 시장 경제에서 (가) 은/는 중요한 역할을 수행한다. (가) 을/를 통해 수많은 노동자들이 직업을 얻고 자신의 생계를 유지한다. (가) 이/가 생산하는 수많은 상품을 통해 소비자들의 삶이 풍요로워질 수 있다.

① 개인   ② 가정
③ 기업   ④ 정부

02 한국에서의 자영업에 대한 설명으로 옳은 것은?

① 기업에 취직하는 것도 자영업에 포함된다.
② 다른 나라에 비해 자영업의 비중이 높은 편이다.
③ 일정한 나이가 되면 자영업에서 정년퇴임을 한다.
④ 청년이 창업하는 것은 자영업에 포함되지 않는다.

03 다음 (가)에 들어갈 수 있는 내용을 〈보기〉에서 고른 것은?

> 일반적으로 근로자는 사용자에 비해 약자의 위치에 있기에 한국에서는 근로자들의 권리를 보호하기 위해 (가) .

| 〈보기〉 |
ㄱ. 근로기준법을 마련하고 있다.
ㄴ. 근로 시간을 1일 8시간, 1주 40시간으로 규정하고 있다.
ㄷ. 근로자에게 지급할 수 있는 임금의 최고액을 정해두고 있다.
ㄹ. 추가 근로는 최대 20시간까지 허용하여 주 60시간 근무제가 적용된다.

① ㄱ, ㄴ   ② ㄱ, ㄹ
③ ㄴ, ㄷ   ④ ㄷ, ㄹ

04 다음과 같은 영업 방식에 대한 설명으로 옳은 것은?

> 특정한 상호, 상표, 제품, 서비스를 개발한 사람이나 기업이 일정한 자격을 갖춘 사람에게 자기 상품에 대한 영업권을 주는 방식으로 커피 전문점, 빵집, 편의점 등 그 종류는 다양하다.

① 취직
② 제조업
③ 중소기업
④ 프랜차이즈

05 자료에 제시된 권리에 대한 설명으로 옳은 것은?

> • 단결권
> • 단체 교섭권
> • 단체 행동권

① 사용자의 권리를 보장하기 위한 것이다.
② 근로자의 조합 결성을 막기 위한 내용이다.
③ 시민이 시민단체를 만들어 정부와 협상할 수 있도록 한 것이다.
④ 근로자가 노동조합을 만들어 사용자와 협상할 수 있도록 한 것이다.

06 다음 사례에 대한 조언으로 가장 적절한 것은?

> 회사 사정이 어려워져서 제가 직장을 그만두게 되었어요. 새 직장을 알아보고 있는데 취직할 때까지 생계를 보장할 방법이 있을까요?

① 최저임금제 적용을 주장하세요.
② 고용보험을 통해 실업급여를 신청하세요.
③ 노동조합을 통해 근로 조건을 보장해 달라고 요청하세요.
④ 산업재해보상보험을 통해 피해를 보상해 달라고 요청하세요.

01 다음 글을 읽고, 아래의 질문에 대답하여 봅시다.

한국은 다른 나라에 비해 자영업의 비중이 매우 높은 편이다. 자영업이란 개인이 다른 사람의 회사에 속하지 않고 스스로 사업을 운영하는 것을 말한다. 자영업은 정년퇴임이 따로 없기 때문에 계속 일할 수 있다는 장점이 있지만, 다른 자영업자와의 경쟁이 치열하다는 어려움도 있다. 자영업자 중에는 좀 더 안정적으로 사업을 운영하기 위해 프랜차이즈를 이용하는 경우도 많다. 프랜차이즈란 특정한 상품이나 서비스를 제공하는 사람으로부터 해당 상품의 영업권을 받아서 상품을 판매하고 수익을 올리는 것을 말한다. 특히 식당이나 카페 등에서 수많은 프랜차이즈 사업이 운영되고 있다.

1) 자영업의 장점과 단점은 무엇인가요?
2) 한국의 프랜차이즈 상점에 가본 경험을 말해 보세요. 어떤 점이 편리했고 어떤 점이 불편했나요?
3) 자신의 고향 나라와 한국의 프랜차이즈의 공통점과 차이점을 말해 보세요.

02 다음 내용을 포함하여 '내가 사장이라면'이라는 제목으로 글을 쓰시오.

• 한국에서 보장하고 있는 노동삼권이란 무엇인가요?
• 직장생활 중 갑작스러운 사고나 어려움에 대비할 수 있게 마련된 제도에는 어떤 것이 있나요?
• 자신이 회사 사장이라면 근로자의 권리를 보장하기 위해 어떤 노력을 하고 싶나요?

작문 시험 답안지에 제목은 생략하고 본문만 쓰세요.

---

01 국민경제의 주체 (가), (나), (다)를 바르게 짝지은 것은?

> 한 국가에서 재화와 서비스를 생산, 분배, 소비하는 경제 주체로 (가) , (나) , (다) 이/가 있다. (가) 은/는 주로 소비하는 역할을 하며, (나) 은/는 생산하는 역할을 담당한다. (다) 은/는 세금을 걷어 공공재나 사회간접자본을 제공한다.

	(가)	(나)	(다)
①	정부	가계	기업
②	정부	기업	가계
③	가계	기업	정부
④	가계	정부	기업

02 물가와 실업의 일반적인 특징에 대한 설명으로 옳은 것은?

① 물가가 오르면 돈의 가치가 올라간다.
② 물가가 오르면 소득이 늘어나는 효과가 있다.
③ 실업률이 올라가면 국민 전체의 소득이 늘어난다.
④ 실업률이 올라가면 소비가 줄어들고 기업의 손해가 늘어난다.

03 한국의 물가와 실업률에 대한 설명으로 옳은 것은?

① 외환위기 당시 물가 상승률이 낮았다.
② 외환위기 당시 실업률이 매우 낮았다.
③ 체감 물가가 실제 물가보다 높을 수 있으므로 물가 관리가 필요하다.
④ OECD 국가에 비해 실업률이 낮기 때문에 일자리를 늘리려는 노력은 불필요하다.

04 〈보기〉에서 한국 경제에 대한 옳은 설명을 모두 고른 것은?

> | 〈보기〉 |
> ㄱ. 한국은 수출 주도형 경제 성장 정책을 채택했다.
> ㄴ. 한국의 국제거래 규모는 세계적으로 매우 큰 편이다.
> ㄷ. 한국은 다른 나라와의 거래보다 국내 거래의 비중이 더 크다.
> ㄹ. 한국은 다른 나라와의 무역 규모를 줄이는 방향으로 경제를 발전시키고 있다.

① ㄱ, ㄴ   ② ㄴ, ㄷ
③ ㄴ, ㄹ   ④ ㄷ, ㄹ

05 다음 (가)에 들어갈 용어로 옳은 것은?

> 나라마다 다른 화폐를 사용하고 있기 때문에 국제 거래를 할 때는 국제사회에서 공통적으로 사용되는 화폐로 교환해야 한다. 따라서 (가) 이/가 중요하다. (가) 의 변동은 한국의 국제 거래에 큰 영향을 미친다.

① 수출   ② 수입
③ 투자   ④ 환율

06 다음 질문에 대한 대답으로 가장 적절한 것은?

> 제 아이가 독일에 유학을 가 있어서 매달 일정 금액을 생활비로 보내주고 있답니다. 그런데 이번에 환율이 많이 올랐네요. 이것이 제게 어떤 영향을 주나요?

① 가만히 있어도 경제적으로 이익을 보게 되었습니다.
② 독일에 송금할 경우 이전보다 더 적은 금액을 보내게 됩니다.
③ 환율 변동은 국가 간의 문제라서 개인에게는 영향을 주지 않습니다.
④ 평소보다 해외여행 갈 때 유리하니 독일에 있는 아이를 만나고 오세요.

01 다음 글을 읽고, 아래의 질문에 대답하여 봅시다.

> 세계 모든 나라의 경제 정책에서 중요한 목표 2가지는 물가와 실업률을 모두 낮추는 것이다. 물가가 높아지면 돈의 가치가 떨어져 소득이 줄어드는 효과를 가져온다. 실업률이 높아지면 사람들이 직장을 잃고 소득이 없어지기 때문에 물건을 파는 기업들도 어려움을 겪게 된다. 한국 정부는 외환위기를 겪은 이후 물가와 실업률을 낮게 유지하기 위해 노력하고 있다. 체감 물가와 청년 실업률 등을 낮추기 위한 노력 또한 필요하다.

1) 세계 많은 나라의 경제 정책에서 중요한 목표 2가지는 무엇인가요?
2) 실업률이 높아지면 어떤 문제가 생기나요?
3) 현재 한국의 물가는 어떤 수준인지 본인의 출신국가와 비교해서 말해 봅시다.

02 다음 내용을 포함하여 '환율 상승이 경제에 미치는 영향'이라는 제목으로 글을 쓰시오.

> • 환율이란 무엇인가요?
> • 환율이 오르면 한국의 수출에는 어떤 영향이 있나요?
> • 환율이 오르면 어떤 사람이 피해나 불이익을 받을 수 있나요?

작문 시험 답안지에 제목은 생략하고 본문만 쓰세요.

제 5 편

대한민국의 법질서

01 다음 (가), (나), (다)에 들어갈 용어를 바르게 짝지은 것은?

> 부모나 조부모, 외조부모, 형제자매처럼 혈연관계가
> 있는 사람을 (가) 이라고 하고, 배우자의 가족처럼
> 혼인을 통해 관계를 맺게 된 사람을 (나) 이라고
> 한다. 8촌 이내의 (가) 과 4촌 이내의 (나) , 그리
> 고 배우자를 모두 합쳐서 (다) 이라고 한다.

	(가)	(나)	(다)
①	친족	인척	혈족
②	친족	혈족	인척
③	혈족	인척	친족
④	혈족	친족	인척

02 자료에 제시된 상황에 대한 설명으로 옳은 것은?

> 저는 지금 사랑하는 사람과 함께 살고 있습니다.
> 지난달에는 가족과 친지들을 모시고 결혼식도 했고,
> 신혼여행도 다녀왔어요. 다만, 사정이 있어서 아직
> 혼인신고는 마치지 못했어요. 하지만 우리는 함께
> 살 의사가 있고 부부나 다름없이 생활하고 있기 때
> 문에 누가 보아도 부부라고 생각할 거예요.

① 동거에 해당한다.
② 법적으로 인정되는 혼인이다.
③ 배우자와 서로 부양해야 할 의무가 없다.
④ 상대방이 다른 사람과 혼인해도 이중 혼인으로 취급
  받지 않는다.

03 다음 중 법률상 친족에 대한 설명으로 옳은 것은?

① 기본적인 부양 의무가 있다.
② 부모와 자녀, 배우자만 포함된다.
③ 배우자의 가족은 포함되지 않는다.
④ 재산 상속은 배우자와 자녀 외 친족에게는 불가능하다.

04 다음 (가)에 대한 설명으로 옳은 것은?

> 갑: 이번에 결국 남편과 이혼하게 되었어요.
> 을: 안타까운 일이네요. 합의가 잘 되었나요?
> 갑: 상대방이 동의하지 않아서 결국 (가) 을/를
>   할 수밖에 없었어요.

① 부부 간의 협의에 의한 이혼이다.
② 가정법원의 결정을 통한 이혼이다.
③ 법률상 부부로 인정받기 위한 조건이다.
④ 성급한 이혼을 막기 위해 깊이 생각할 기회를 주는
  제도이다.

05 이혼 이후의 자녀 양육에 대한 법적 설명으로 옳은 것은?

① 아이를 낳은 엄마가 자녀를 양육한다.
② 경제적 능력이 많은 쪽에서 자녀를 양육한다.
③ 양육 비용은 합의에 앞서 법원의 결정을 따른다.
④ 자녀를 양육하는 측에서는 상대방에게 양육비를
  청구할 수 있다.

06 다음 (가)에 해당하는 것은?

> 이혼에 책임이 있는 배우자는 상대방의 정신적 고통
> 에 대한 손해배상으로 (가) 을/를 지급할 책임이
> 있다.

① 양육권
② 위자료
③ 과태료
④ 면접 교섭권

01 다음 글을 읽고, 아래의 질문에 대답하여 봅시다.

> 한국에는 법률혼과 사실혼이라는 개념이 있다. 법률혼은 혼인 신고를 통해 법적 부부로 인정되는 것을 말하고, 사실혼이란 부부로 함께 생활하지만 혼인 신고를 하지 않은 경우를 말한다. 사실혼에 비해 법률혼이 법적으로 보호되는 부분이 많기 때문에 꼭 혼인 신고를 하는 것이 좋다. 한편, 사실혼과 달리, 두 사람이 함께 살기는 하지만 혼인할 의사가 없는 경우는 동거라고 한다.

1) 법률혼과 사실혼의 차이는 무엇인가요?
2) 사실혼과 동거의 차이는 무엇인가요?
3) 부부가 서로에 대해 꼭 지켜야 하는 의무는 무엇이라고 생각하나요? 왜 그것이 중요하다고 생각하나요?

02 다음 내용을 포함하여 '이혼할 때 주의해야 할 것'이라는 제목으로 글을 쓰시오.

> • 양육자, 양육 비용 등이 협의되지 않을 때 어디에서 결정하게 되나요?
> • 면접교섭권이란 무엇이고, 어떻게 행사할 수 있나요?
> • 위자료는 누가, 어떤 경우에 지급해야 하나요?

작문 시험 답안지에 제목은 생략하고 본문만 쓰세요.

01 법적인 장례 절차에 관한 설명으로 옳은 것은?

① 사망이 예상되면 사망신고를 해야 한다.
② 구청에서 사망 진단서를 발급받을 수 있다.
③ 병원에서 의사를 통해 사망신고를 할 수 있다.
④ 유족 중 한 명이 행정복지센터에 사망신고를 할 수 있다.

02 다음 (가), (나)에 들어갈 용어를 바르게 짝지은 것은?

죽음을 앞두고 자신의 의사를 남기는 것을 (가) (이)라고 한다. 이때 고인이 남긴 재산을 물려 받는 것을 (나) (이)라고 한다. 보통 (가) 에 (나) 와/과 관련된 내용을 담을 수 있으며 별도의 내용이 없을 경우 법에 정해진 대로 따르게 된다.

	(가)	(나)
①	유언	증여
②	유언	상속
③	장례	증여
④	장례	상속

03 제시된 상황에서 법적 상속 순위에 따라 배우자가 상속받는 금액으로 옳은 것은?

- 고인이 남긴 재산: 7억
- 고인의 가족: 배우자, 딸 1명, 아들 1명

① 1억 원
② 2억 원
③ 3억 원
④ 3억 5천만 원

04 다음 (가)에 들어갈 수 있는 법적 용어를 〈보기〉에서 고른 것은?

개인 간에 돈을 빌려주었는데 상대방이 재산이 있음에도 계속 갚지 않을 가능성이 있다면 (가) 을/를 신청할 수 있다. 이를 통해 돈을 갚아야 할 사람이 자신의 재산이나 권리를 함부로 처분하지 못하게 할 수 있다.

| 〈보기〉 |

ㄱ. 가처분
ㄴ. 가압류
ㄷ. 내용증명
ㄹ. 민사소송

① ㄱ, ㄴ
② ㄱ, ㄷ
③ ㄴ, ㄷ
④ ㄷ, ㄹ

05 다음 (가)에 해당하는 것은?

부동산 임대차 계약이 끝났는데도 집주인이 보증금을 돌려주지 않아 어려움을 겪을 수 있다. 이런 상황에서 이사를 가야할 때는 (가) 에 임차권 등기명령을 신청하면 된다. 이를 통해 해당 부동산을 처리할 때 보증금을 우선적으로 돌려받을 수 있다.

① 법원
② 경찰서
③ 부동산
④ 행정복지센터

06 다음 (가)에 들어갈 기관으로 옳은 것은?

내용증명 제도란 다른 사람과 법적 분쟁이 일어나게 될 때를 대비하여 자신이 상대방에게 했던 의사표시를 (가) 을/를 통해 상대방에게 언제 어떤 내용을 발송했는지를 증명하는 제도이다.

① 법원
② 경찰서
③ 우체국
④ 행정복지센터

01 다음 글을 읽고, 아래의 질문에 대답하여 봅시다.

> 누군가가 죽었을 때 재산을 물려받는 것을 상속이라고 한다. 만약 상속받는 금액보다 빚이 더 많다면 상속을 포기할 수 있다. 상속받는 금액은 유언에 따라 결정되는데 별도의 유언이 없는 경우 법에 정해진 순위와 비율에 따라 상속하게 된다. 한국의 법에서 1순위는 사망한 사람의 배우자 및 직계비속(아들, 딸)이다. 같은 순위의 사람이 여러 명일 경우에는 똑같이 나누어 받는데, 다만 배우자는 자녀들이 받는 재산보다 1.5배를 상속받게 된다.

1) 상속받는 금액을 결정하는 것 두 가지는 무엇인가요?
2) 자녀보다 배우자에게 더 많은 재산을 물려주도록 한 이유는 무엇일까요?
3) 자신이 먼 훗날 유언을 하게 된다면 가족 중 누구에게 얼마만큼 상속하게 할 것인지 말해 보세요.

작문형

02 다음 내용을 포함하여 '돈과 관련된 분쟁'이라는 제목으로 글을 쓰시오.

> • 돈과 관련한 분쟁에는 어떤 것이 있나요?
> • 부동산과 관련한 분쟁에는 어떤 것이 있나요?
> • 돈과 관련한 피해를 입지 않으려면 어떻게 해야 하나요?

작문 시험 답안지에 제목은 생략하고 본문만 쓰세요.

01 다음 (가), (나)에 들어갈 숫자를 바르게 연결한 것은?

> 일반적으로 정년까지 일하는 것이 보장되지 않고 상
> 대적으로 고용 기간이 짧은 근로자를 (가) 이
> 라고 한다. (가) 은 계약 기간이 정해져 있는
> (나) 와/과 근로시간이 1일 8시간, 1주 40시간보
> 다 짧은 (다) 로 구분된다.

	(가)	(나)	(다)
①	정규직	비정규직	기간제 근로자
②	정규직	기간제 근로자	단시간 근로자
③	비정규직	기간제 근로자	단시간 근로자
④	비정규직	단시간 근로자	아르바이트

02 비정규직 근로자의 법적 권리에 대한 설명으로 옳은 것은?

① 근로계약서가 불필요하다.
② 별도의 협상 없이 최저임금으로 계약하게 된다.
③ 1개월을 개근하면 1일의 유급휴가를 받을 수 있다.
④ 1주일에 5시간 이상 근무하면 퇴직금을 받을 수 있다.

03 다음 (가)에 들어갈 용어로 옳은 것은?

> 1년 동안 80% 이상 출근한 근로자의 경우 (가) 를
> 받을 수 있다.

① 생리휴가
② 연차휴가
③ 특별휴가
④ 정기휴가

04 다음 (가)에 해당하는 용어로 옳은 것은?

> 직장 내의 지위를 이용하여 다른 근로자에게 성적인
> 말이나 행동을 통해 성적 수치심을 유발하거나 혐오
> 감을 느끼게 하는 것을 직장 (가) (이)라고 한다.
> 이는 범죄 행위에 해당하며 처벌을 받게 된다.

① 차별
② 성폭행
③ 성희롱
④ 경범죄

05 다음 사례에 대한 대응으로 적절하지 않은 것은?

> • 회식 자리에서 직장 상사가 불쾌한 신체 접촉을
>   하는 경우
> • 직장 동료가 성적 불쾌감을 초래하는 모습이나
>   사진을 보여주는 경우

① 거부 의사를 직접 분명하게 밝힌다.
② 회사에 있는 고충처리기관에 알린다.
③ 직장과 관련된 일이니 참고 넘어간다.
④ 고용노동부나 국가인권위원회에 신고한다.

06 모성 보호를 위한 한국의 법에 대한 진술로 옳은 것은?

① 남녀 근로자 모두 한 달에 한 번 생리휴가를 쓸 수
   있다.
② 배우자가 출산한 경우에도 10일의 유급휴가를 받을
   수 있다.
③ 출산과 양육을 위해 임신한 여성을 근로자로 고용해
   서는 안 된다.
④ 임신한 근로자는 임신 12주부터 36주 사이에 1일 3시
   간씩 근로시간을 단축할 수 있다.

01 다음 글을 읽고, 아래의 질문에 대답하여 봅시다.

> 단시간 근로자는 단기 혹은 임시로 고용되어 일하는 경우를 뜻하며 아르바이트라고도 한다. 한국에서는 단시간 근로자의 권리도 법적으로 보장하고 있다. 예를 들어 단시간 근로자의 경우에도 근로계약서를 작성하고 최저임금 이상의 금액을 받아야 한다. 또한, 근로자의 동의 없이는 일 8시간, 주 12시간을 초과하여 근무할 수 없다. 1주 근로시간이 15시간 이상인 단시간 근로자는 퇴직금을 받을 수 있다. 특히 1년 동안 80% 이상 출근한 근로자의 경우 연차휴가를 받을 수 있으며, 그 이하로 근무한 근로자도 1개월을 개근할 경우 1일의 유급휴가를 받을 수 있다.

1) 단시간 근로자가 퇴직금을 받을 수 있는 조건을 말해 보세요.
2) 단시간 근로자가 연차휴가와 1일의 유급휴가를 받을 수 있는 경우를 말해 보세요.
3) 단시간 근로자의 권리도 법적으로 보장해야 하는 이유는 무엇일까요?

02 다음 내용을 포함하여 '직장에서의 모성 보호'라는 제목으로 글을 쓰시오.

> • 한국에서 모성 보호를 위한 법을 만든 이유는 무엇인가요?
> • 여성 근로자에게 주어지는 권리에는 어떤 것이 있나요?
> • 모성 보호를 위해 직장에서 어떤 배려를 하면 좋을까요?

작문 시험 답안지에 제목은 생략하고 본문만 쓰세요.

01 다음 (가)에 들어갈 법으로 옳은 것은?

> 한국에서는 사람들의 권리를 보호하고 사회질서를 유지하기 위해 (가) 에 범죄와 그에 대한 형벌을 규정하고 있다.

① 민법
② 형법
③ 헌법
④ 사회보장법

02 다음 빈칸의 (가)에 들어갈 내용으로 옳은 것은?

> 그냥 교통사고를 낸 것에 비해 어린이 보호구역에서 과속으로 사고를 내고 도망을 간 경우에는 더 큰 처벌을 받게 된다. 이것은 (가)

① 주로 경범죄에 적용되는 법 내용이다.
② 무임승차와 새치기에도 동일하게 적용된다.
③ 특정범죄가중처벌법에 의해 규정된 내용이다.
④ 일상생활의 가벼운 위법 행위에 대해 주의를 주기 위함이다.

03 다음 빈칸의 (가)에 대한 설명으로 옳은 것은?

> (가) 은 일정 기간 교도소에서 나오지 않도록 하여 신체적 자유를 빼앗는 형벌이다.

① 재산형에 해당한다.
② 징역형이 대표적이다.
③ 범죄자의 명예나 자격을 박탈한다.
④ 한국은 1997년 이후로 집행하지 않고 있다.

04 다음 빈칸의 (가), (나)에 들어갈 용어를 바르게 연결한 것은?

> 범죄를 저지른 것으로 의심을 받는 사람을 (가) (이)라고 한다. 이에 대해 검사가 판단하여 법원에 재판을 요청하는데 이를 (나) 라고 한다.

	(가)	(나)
①	피의자	수사
②	피의자	기소
③	피고인	수사
④	피고인	기소

05 자료에 제시된 원칙에 대한 설명으로 옳은 것은?

> 어떤 경우라도 유죄 판결이 확정되기 전까지는 무죄로 여겨져야 한다.

① 영장주의를 가리킨다.
② 범죄와 형벌은 미리 법률로 정해야 한다는 원칙이다.
③ 피의자나 피고인의 권리를 보장하기 위한 원칙이다.
④ 유죄 판결을 받더라도 형을 집행하지 않아야 한다는 원칙이다.

06 제시된 사례에 대한 조언으로 가장 적절한 것은?

> 억울하게 누명을 쓰고 체포를 당하게 되었어요. 이제 곧 재판으로 넘겨진다고 하는데 저는 법도 잘 모르고 돈도 없어서 법률 자문을 받기도 어렵네요. 어떻게 해결하면 좋을까요?

① 죄형법정주의를 주장하세요.
② 재판 전에 법원에 구속 영장을 청구하세요,
③ 국선 변호인 제도를 통해 변호인의 도움을 받으세요.
④ 범죄자로 의심되는 사람을 조사하여 자백을 받아내도록 요구하세요.

01 다음 글을 읽고, 아래의 질문에 대답하여 봅시다.

> 형벌은 범죄자에 대해 국가에서 부과하는 처벌을 말한다. 한국에서는 크게 4가지 종류의 형벌이 있다. 첫째, 생명형은 범죄인의 생명을 빼앗는 것을 말하는데 주로 사형이라고 한다. 둘째, 범죄인을 감옥에 가두어 신체의 자유를 빼앗는 것을 자유형이라고 한다. 셋째, 범죄인으로부터 재산을 빼앗는 것을 재산형이라고 한다. 넷째, 명예형은 범죄인으로부터 일정한 명예 또는 자격을 빼앗는 형벌이다. 이러한 형벌은 범죄 행위에 대한 책임을 묻고, 다시 범죄가 일어나지 않도록 예방하기 위한 조치라고 할 수 있다.

1) 자유형과 재산형은 어떻게 다른가요?
2) 범죄를 저지른 사람을 국가가 처벌하는 형벌 제도의 목적은 무엇인가요?
3) 형벌의 목적을 고려할 때, 사형제도의 유지와 폐지 중 어느 쪽이 더 좋다고 생각하나요?

02 다음 내용을 포함하여 '피고인의 인권 보장'이라는 제목으로 글을 쓰시오.

> • 피고인이란 누구를 가리키나요?
> • 무죄추정의 원칙은 무엇인가요? 이 원칙이 필요한 이유는 무엇인가요?
> • 피고인의 권리를 보호하기 위해 한국에는 어떤 제도가 마련되어 있나요?

작문 시험 답안지에 제목은 생략하고 본문만 쓰세요.

정답보기

제1편 대한민국의 국민

1. 대한민국의 정체성과 헌법
1.②   2.③   3.①   4.②   5.④   6.③

2. 대한민국 국민의 권리
1.②   2.③   3.①   4.④   5.①   6.④

3. 대한민국 국민의 의무
1.④   2.①   3.①   4.③   5.②   6.②

4. 대한민국 국민을 위한 복지
1.①   2.④   3.④   4.②   5.③   6.②

제2편 대한민국의 역사와 발전

5. 대한민국 정부 수립
1.④   2.④   3.③   4.①   5.②   6.①

6. 6 · 25 전쟁과 남북 관계
1.④   2.②   3.②   4.③   5.④   6.④

7. 민주주의의 발전
1.③   2.④   3.②   4.②   5.④   6.①

8. 사회 변동
1.①   2.③   3.①   4.③   5.②   6.③

제3편 대한민국의 정치와 외교

9. 정치 과정과 시민 참여
1.②   2.①   3.③   4.③   5.④   6.④

10. 선거와 정당
1.②   2.④   3.④   4.①   5.②   6.②

11. 외교와 국제 관계
1.①   2.④   3.①   4.④   5.②   6.④

12. 남북통일을 위한 노력
1.①   2.④   3.①   4.④   5.①   6.④

제4편 대한민국의 경제

13. 한국의 경제 체제
1.①   2.③   3.①   4.④   5.④   6.③

14. 금융과 자산 관리
1.④   2.①   3.②   4.③   5.①   6.④

15. 기업과 근로자
1.③   2.②   3.①   4.④   5.④   6.②

16. 국민경제와 국제거래
1.③   2.④   3.③   4.①   5.④   6.②

제5편 대한민국의 법질서

17. 가족 문제와 법

1. ③   2. ④   3. ①   4. ②   5. ④   6. ②

18. 재산 문제와 법

1. ④   2. ②   3. ③   4. ①   5. ①   6. ③

19. 직장생활과 법

1. ③   2. ③   3. ②   4. ③   5. ③   6. ②

20. 범죄와 법

1. ②   2. ③   3. ②   4. ②   5. ③   6. ③

연구진	설규주 (경인교육대학교 사회과교육과 교수)
	정문성 (경인교육대학교 사회과교육과 교수)
	김찬기 (한국이민재단 교육국 국장)
집필진	최수진 (한국다문화교육연구원 사회통합프로그램 강사)
	정현정 (동국대학교 국제어학원 한국어 강사)
	(전 사회통합프로그램 강사)
	옹진환 (한국교육과정평가원 부연구위원)
	방대광 (고려대학교 사범대학 부속고등학교 교사)
	박원진 (초당초등학교 교사)
	이바름 (인천지역경제교육센터 책임연구원)

사회통합프로그램[KIIP]

한국사회 이해 심화 탐구활동

법무부 사회통합프로그램 지정 교재
법무부 귀화적격시험 활용 교재

| 초판발행 | 2020년 12월 11일 |
| 9판발행 | 2024년 5월 15일 |

| 기획 · 개발 | 법무부 출입국·외국인정책본부 |

펴낸이	노현
펴낸곳	㈜피와이메이트
	서울특별시 금천구 가산디지털2로 53 한라시그마밸리 210호(가산동)
	등록 2014.2.12. 제2018-000080호
전화	02)733-6771
팩스	02)736-4818
홈페이지	www.pybook.co.kr
e-mail	pys@pybook.co.kr

| 값 | 6,000원 |

| ISBN | 979-11-86140-36-9 (14300) |
| | 979-11-86140-34-5 (set) |